DE LA GLOIRE MILITAIRE

DU

MARÉCHAL NEY,

DUC D'ELCHINGEN, PRINCE DE LA MOSKOWA,

PAR

Charles Saint-Nexant de Gagemon,

CHEVALIER DE L'ORDRE IMPÉRIAL DE LA LÉGION-D'HONNEUR,

Docteur en droit, auteur, entre plusieurs autres ouvrages sur la Réforme hypothécaire, le prince Eugène-Napoléon, la question d'Orient, etc.,

D'UN TRAVAIL INTITULÉ :

Le duc de Wellington devant l'histoire.

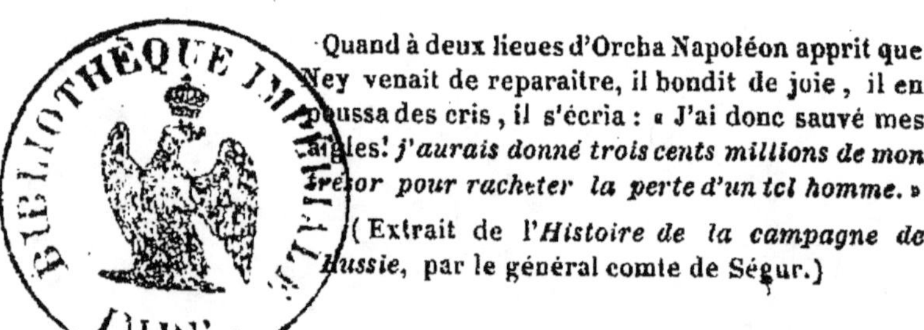

> Quand à deux lieues d'Orcha Napoléon apprit que Ney venait de reparaître, il bondit de joie, il en poussa des cris, il s'écria : « J'ai donc sauvé mes aigles! *j'aurais donné trois cents millions de mon trésor pour racheter la perte d'un tel homme.* »
>
> (Extrait de l'*Histoire de la campagne de Russie*, par le général comte de Ségur.)

POITIERS,

IMPRIMERIE DE A. DUPRÉ,

RUE DE LA MAIRIE, 10.

1854.

AVANT-PROPOS.

AVANT-PROPOS.

Dans cet ouvrage, nous avons essayé de décrire vingt des principales batailles gagnées ou décidées par celui que la glorieuse épopée napoléonienne peut citer avec orgueil comme ayant égalé le grand Condé.

Ayant pris le temps d'être court, nous avons resserré dans moins de quatre-vingts pages le cadre d'un gros volume,

Puisse le lecteur nous pardonner d'avoir tâché d'imiter avec faiblesse, suivi de loin dans leur brillante carrière ces historiens d'autrefois, sobres de mots, avides d'idées, et dont la précision merveilleuse était peut-être plus instructive et de meilleur goût que la prolixité moderne !

Une des gloires du règne providentiel et déjà si fécond en actes heureusement réparateurs de l'empereur Napoléon III, c'est d'avoir, effaçant de notre histoire contemporaine une page d'un lugubre et immense deuil national, fait ériger une statue au très-illustre martyr de notre âge héroïque.

Immortel par son infortune, immortel par son génie militaire, immortel par sa grandeur d'âme, le prince de la Moskowa a su inspirer au général comte de Ségur, témoin oculaire en Russie de ses hauts faits incomparables, de magnifiques paroles, dignes de passer à la postérité la plus reculée.

« Dans ce court trajet d'Orcha à Smolensk, que de gloire recueillie! qu'il faut peu d'espace et de temps pour une renommée immortelle! et de quelle nature sont donc ces grandes inspirations, ce germe invisible, impalpable des grands dévoûments, produits de quelques instants, issus d'un seul cœur, et qui doivent remplir les temps et l'immensité? »

DE LA GLOIRE MILITAIRE

DU

MARÉCHAL NEY,

DUC D'ELCHINGEN, PRINCE DE LA MOSKOWA.

CHAPITRE PREMIER.

LE GÉNÉRAL NEY A HOHENLINDEN.

Le 22 brumaire an IX, époque si glorieuse où la guerre se ralluma avec un nouvel acharnement entre l'Autriche et la France, Ney, qui n'était encore alors âgé que de trente ans, brillait déjà au premier rang parmi les généraux les plus illustres de la république.

Aussi le général Moreau, doué d'une haute sagacité militaire, lors de cette bataille à jamais mémorable qui exerça une grande et directe influence sur la paix si glorieusement imposée par nous à Lunéville, profita-t-il du moment où il aperçut les masses autrichiennes s'agiter embarrassées, encombrées au milieu du défilé de la forêt de Hohenlinden, pour ordonner à Ney de former avec son invincible division, qui avait tant grandi à son école, plusieurs colonnes d'attaque, de manière à empêcher aux Autrichiens de déboucher dans la plaine en les tenant étroitement renfermés dans ce défilé.

Les ordres de Moreau furent exécutés par son jeune lieutenant avec une valeur si entraînante et avec une impétuosité tellement irrésistible, qu'abordés de front par les soldats de Ney qui les chargèrent avec une vigueur sans égale, les Autrichiens furent non-seulement tenus en respect sur le bord de la forêt, dont ils ne purent dépasser la lisière, mais refoulés, acculés, écrasés, taillés en pièces au milieu de ce long défilé; il ne leur resta plus pour ressource qu'à se débander, et, dans leur désespoir, en fuyant pour échapper à une mort certaine, qu'à pénétrer jusque dans l'épaisseur de la forêt.

Là, une colonne entière, fort nombreuse, se trouva serrée de si près par les vaillants soldats de Ney, qu'elle dut mettre bas les armes et se rendre à discrétion.

Quand on arrête ses regards sur la position des Autrichiens littéralement prisonniers dans un défilé dont deux héros de la valeur de Ney et Richepanse gardaient les issues, on s'explique et l'on admire à la fois les magnifiques résultats obtenus par leurs efforts vigoureusement combinés, et décrits avec tant d'éclat en ces termes par les savants auteurs de l'*Histoire des victoires et conquêtes :*

« La grande masse autrichienne, pressée en tête dans le défilé par l'intrépide Ney, refoulée en queue par l'audacieux Richepanse, tourbillonna longtemps sur elle-même, rompit enfin ses rangs, et se jeta en désordre à droite et à gauche dans la forêt. Poursuivis vivement, les fuyards rencontrent partout la mort, et ceux qui veulent l'éviter n'ont d'autre parti à prendre que de déposer les armes et de se déclarer nos prisonniers. La chaussée tout à l'heure couverte de vieilles bandes autrichiennes n'offre plus que des cadavres amoncelés, des chevaux sans conducteurs, des chariots, des caissons renversés. Quatre-vingt-sept pièces de canon deviennent le trophée de cette victoire, qui n'est pas moins le résultat de la science stratégique que de *la bravoure*. »

Ney se chargea du soin de recueillir les prisonniers, au nombre de 11,000, dont 280 officiers, parmi lesquels figuraient en première ligne les généraux bavarois Deroy et Spanocchi.

Pendant que ce bouillant guerrier opérait tous ces prodiges à la tête d'une seule de ses brigades qu'il électrisait par sa présence dans le défilé, l'autre, commandée par le général Jola, opérait une diversion puissante au profit de l'excellent général Grenier, aux prises sur presque toute sa ligne avec des forces supérieures aux siennes de plus de moitié, sans compter qu'agglomérées dans des ravins boisés - dominant à une certaine hauteur la plaine de Hohenlinden, les troupes autrichiennes occupaient une position doublement avantageuse.

Eh bien! nonobstant ces difficultés, presque insurmontables pour tout autre, le lieutenant de Ney, habitué par celui-ci à n'écouter que son courage, fond, les grenadiers en tête, sur Baillet-Latour, le réduit à une complète déroute, et, mettant aussitôt à profit l'exaltation d'une première victoire qui a rendu irrésistibles et l'ardeur et l'action de ses troupes, ses glorieux efforts sont couronnés d'un tel succès, qu'il finit par précipiter les deux corps de Baillet-Latour et de Kienmayer, l'un sur

Ysen, l'autre sur Lendorf, tous deux dans une contrée difficile et marécageuse, où il les contient et les empêche d'atteindre leur but stratégique, c'est-à-dire de déboucher sur le plateau de Hohenlinden.

Elle fut si fatale aux Autrichiens, qui y perdirent vingt mille hommes, si décisive et si complète, cette journée de Hohenlinden, où Moreau ajouta encore à sa gloire en répétant à juste titre, à plusieurs reprises, « que *la brillante conduite du général Ney avait puissamment contribué à la victoire,* » qu'on entendit, non sans une indicible émotion, des blessés prêts à rendre héroïquement le dernier soupir recueillir leurs forces à ce moment suprême pour prononcer ces sublimes paroles :

« *Non, il ne faut pas mourir aujourd'hui pour voir la fin d'une aussi belle journée.* »

CHAPITRE II.

LE MARÉCHAL NEY A ELCHINGEN.

L'empereur Napoléon Ier, inquiet de l'isolement où se trouvait la division Dupont sur la rive gauche du Danube, confia au maréchal Ney, avec le périlleux honneur de rétablir le pont d'Elchingen, seul moyen de nous assurer la possession des deux rives de ce grand fleuve, la mission aussi difficile que hardie de s'emparer du village et du couvent d'Elchingen, lesquels, s'élevant en amphithéâtre, étaient défendus par vingt mille hommes déterminés, et, en outre, pourvus d'une formidable artillerie.

C'est au moment où il va par un haut fait nouveau qui fera encore grandir sa renommée, et qui seul suffirait pour la rendre à tout jamais impérissable, qu'il faut placer sa scène véritablement chevaleresque avec un autre héros, avec le prince Murat, scène admirable d'une noble fierté, étincelante de hardiesse, sublime de susceptibilité héroïque, et que M. Thiers, dans sa remarquable *Histoire du Consulat et de l'Empire*, raconte éloquemment en ces termes :

« L'intrépide maréchal Ney ne pouvait se consoler de quelques paroles peu convenables qu'il avait essuyées de Murat dans la récente altercation qu'il avait eue avec lui. Murat, comme importuné de raisonnements trop longs, lui avait dit qu'il ne comprenait rien à tous les plans qu'on lui exposait, et qu'il avait l'habitude de ne faire les siens qu'en face de l'ennemi. C'était la réponse superbe qu'un homme d'action aurait pu adresser à un vain discoureur. Le maréchal Ney, à cheval dès le matin du 14, en grand uniforme, paré de ses décorations, saisit le bras de Murat, et, le secouant fortement devant tout l'état-major et devant l'empereur lui-même, lui dit fièrement : « Venez, prince, faire avec moi vos plans en face de l'ennemi. » Puis, se portant au galop vers le Danube, il alla sous une grêle de balles et de mitraille, ayant de l'eau jusqu'au ventre de son cheval, diriger la difficile opération dont il était chargé. »

Quoique du pont à réparer il ne restât absolument que les chevalets sans travées; qu'après l'avoir franchi, il fallût traverser une petite prairie séparant le Danube

du pied du monticule ; qu'enfin le village et le couvent
d'Elchingen fussent, à raison des accidents de terrain,
pour ainsi dire inexpugnables, de pareils obstacles n'é-
taient pas de nature à faire reculer, à laisser même
hésiter un seul instant un guerrier de la trempe du maréchal Ney.

Le brave et infortuné sapeur qui jeta la première
planche sur les chevalets du pont ayant eu une jambe
emportée par un boulet, cet événement ne fit qu'ajouter
à l'élan furieux de nos soldats, et on les vit avec admiration, bravant avec sang-froid une fusillade des plus
meurtrières dirigée contre eux de l'autre rive par de
trop adroits tirailleurs, porter une à une les planches
qui devaient, en reliant les chevalets entre eux, rendre
à la fois le pont praticable, facile et sûr.

Cette opération n'était pas encore terminée qu'on
vit s'ébranler à la fois les voltigeurs du 6e léger, les
grenadiers du 39e, ainsi qu'une compagnie de carabi-
niers. Ces magnifiques troupes, s'étant précipitées sur
la rive opposée du Danube, en chassèrent très-promp-
tement les Autrichiens, et, malgré le retour offensif de
ces derniers, elles se déployèrent dans une si belle contenance, qu'elles donnèrent à la division Loison le temps
de venir à leur secours.

Ce fut à ce moment que le maréchal Ney put enfin
faire passer sur la rive gauche et le 39e et le 6e léger.

Pendant que nous laissons le général Villate, conformément aux ordres du maréchal, s'étendre dans la
prairie à la tête du 39e, afin de contraindre les Autrichiens à l'évacuer, l'intrépide Ney, doublant par la pre-

mière des éloquences, par celle de l'exemple, la valeur
bouillante des soldats du 6ᵉ léger, leur faisait gravir les
rues tortueuses du village d'Elchingen. Une fois là, et
bien qu'il lui fallût essuyer, presque toujours sans pouvoir y répondre, le feu plongeant des soldats autrichiens
campés dans chaque maison comme dans autant de pe-
tites forteresses, néanmoins le maréchal, déployant une
bravoure égale à sa ténacité, opposant à l'ennemi une
fermeté comparable à son invincible élan, parvint, après
des efforts inouïs, à s'emparer du village et à enlever
le couvent.

Cet illustre maréchal, quoique si jeune encore, réu-
nissait au plus haut degré à l'impétuosité la prudence,
qualités qu'un même homme a possédées si rarement à
la fois, et dont la dernière a manqué à un grand nombre
de ceux des maréchaux de l'empire qu'on doit ranger
dans la catégorie des hommes d'action.

Aussi, sans se laisser éblouir par cette double conquête, presque inespérée tant elle était difficile, sa
préoccupation première est d'empêcher aux Autrichiens,
dont il considère comme possible le retour offensif, de le
culbuter dans le Danube. Tel est le motif pour lequel on
le voit engager une très-vive fusillade pour s'emparer
d'un fort bouquet de bois couvrant tout l'espace compris depuis le couvent et le village jusqu'à la naissance
de la hauteur, et y réussir avec l'appui du 69ᵉ, dans
le seul but de fortement appuyer sa gauche.

Pendant que ce bouquet de bois devenait l'objet d'une
attaque acharnée entre les Français et les Autrichiens,
ces derniers ayant divisé le reste de leurs forces en

plusieurs carrés d'environ deux à trois mille hommes chacun, Ney rangea son infanterie en colonnes et la fit avancer contre eux, précédée du 18e dragons, qui exécuta une charge à fond aussi terrible que brillante, et dont le résultat fut la déroute complète d'un carré, obligé de mettre bas les armes.

A cette vue, les autres carrés prirent la fuite et vinrent se rallier avec peine sous la protection des remparts d'*Ulm*, où Ney, renfermant les Autrichiens et ne leur laissant aucune chance de salut, en livra en quelque sorte les clefs à l'empereur, qui céda à l'inspiration la plus heureusement juste en conférant le titre de *duc d'Elchingen* au héros d'un des faits d'armes les plus étonnants, les plus merveilleux que l'audace réunie au talent ait jamais exécutés.

CHAPITRE III.

LE DUC D'ELCHINGEN DANS LE TYROL.

Après divers petits combats où Ney répondit complétement à l'attente que Napoléon avait fondée sur son invasion dans le Tyrol, ce maréchal résolut d'attaquer le fort de Scharnitz, surnommé la *Porta Claudia* par les anciens.

Ce fut le 5 novembre 1805, vers deux heures du matin, que le général Loison, obéissant aux ordres qu'il avait reçus de Ney, lança sur le fort de Scharnitz deux colonnes, dont l'une devait l'attaquer de front et l'autre simultanément le tourner.

Formée par ce même 69ᵉ qui venait de se couvrir de gloire au combat d'Elchingen, cette première colonne, alors surtout qu'elle avait à franchir en plein mois de novembre les cols les plus élevés des Alpes, du haut desquels les Tyroliens cherchaient à l'écraser en précipitant sur elle d'énormes masses de rochers, trouva sur son passage des obstacles qui eussent paru insurmontables à tous autres qu'aux braves dont elle était composée. Pour escalader des rochers à pic qui n'avaient pas moins de quelques centaines de pied de hauteur, nos soldats mirent à exécution une ruse des plus ingénieuses inventée par le maréchal Ney, et qui consistait pour ceux-ci à attacher leurs havre-sacs sur leurs têtes, afin de se mettre à l'abri de la portée des balles, ou plutôt de l'atteinte des pierres qui pleuvaient sur eux de tous les points culminants du sommet de la montagne.

Grâce à ce bouclier d'une nouvelle espèce, à l'adresse incroyable qu'ils déployèrent pour s'accrocher aux arbustes et aux racines se développant dans ces crevasses de rochers, là même où ils enfoncèrent et se firent un point d'appui de leurs baïonnettes, on les vit, avec un étonnement mêlé d'enthousiasme, braver héroïquement une grêle de balles et de mitraille, et déboucher enfin sur le plateau, d'où, au bout de quelques instants, ils s'avancèrent sur le fort et escaladèrent ses murailles.

Comme la garnison de cette place avait pris le parti de l'évacuer pour se réfugier à Inspruck, elle ne put pas opérer ce mouvement sans rencontrer la colonne du général Loison, placée là tout exprès par le maréchal Ney dans le seul but de lui couper la retraite.

Déjà les fuyards de Scharnitz, prenant vigoureusement l'offensive contre cette colonne d'embuscade qui leur était très-inférieure en nombre, étaient sur le point de s'ouvrir un passage de vive force, lorsque l'infatigable 69e, lancé à la poursuite de ceux qu'il venait de déloger de Scharnitz, parut sur le champ de bataille, et changea tellement la position des Autrichiens, alors pris entre deux feux, cernés de tous côtés et privés de leur chef devenu notre prisonnier, qu'ils durent, dans leur désespoir, mettre bas les armes et se rendre à discrétion.

Parmi les trophées de cette victoire si rapide, il faut mentionner seize pièces de canon tout attelées, un drapeau, ainsi que dix-huit cents prisonniers.

Le maréchal Ney s'était à peine emparé du pas de Scharnitz, qu'il dirigea ses vaillantes troupes à marches forcées directement sur Inspruck, où il arriva le 7 novembre, à 5 heures du soir.

Bien que l'ennemi eût abandonné la ville, on n'y trouva pas moins un arsenal rempli d'une artillerie considérable, sans compter seize mille fusils, avec un grand approvisionnement de poudre.

Après avoir rendu un hommage bien mérité aux mouvements si prodigieusement décisifs du maréchal Ney s'emparant presque coup sur coup, à sa sortie d'Inspruck, des villes de Hall, Brixen et Clausen, et fermant dès lors au général Jellachich, qui défendait le Voralberg, toute retraite sur le Tyrol, nous allons faire retourner le lecteur dans la capitale de ce dernier pays, où il partagera sans aucun doute avec nous la joie sainte, l'émotion si pure de ces braves soldats du 76e, qui y retrouvèrent deux de leurs drapeaux au milieu de circonstances ainsi patriotiquement mises en relief dans l'*Histoire des victoires et conquêtes* :

« Le 76e régiment avait perdu, pendant la dernière campagne, deux drapeaux qui lui avaient été pris dans le pays des Grisons. Cette perte était depuis longtemps pour le corps entier le motif d'une affliction profonde, et, bien que l'armée ne pût pas en accuser leur valeur constante, ces braves ne se regardaient pas moins comme entachés aux yeux de leurs camarades des autres régiments. Un officier de ce même 76e, parcourant les salles de l'arsenal, reconnaît les deux enseignes, objet d'un si noble regret. Avertis par lui, tous les soldats du régiment accourent pour contempler ces trophées que le corps entier vient de reconquérir, et dont ils ne peuvent disposer pour eux-mêmes sans l'aveu du maréchal Ney qui les commande.

» Une scène touchante et vraiment pittoresque s'offre aux regards de ceux que la curiosité a attirés sur les pas du 76e régiment : les deux drapeaux sont entourés par un groupe immense de ces dignes guerriers, qui se pressent et se heurtent afin de pouvoir toucher ces enseignes qui les guidèrent si souvent à la victoire, qu'ils avaient perdues par une circonstance indépendante de leurs efforts, et qu'ils retrouvèrent par l'effet de leur constance à braver de nouveaux dangers. Leur joie est muette comme avait été leur douleur; elle ne s'exprime que par des larmes et par des sanglots : spectacle sublime, et qui ne peut être senti comme il doit l'être que par ceux qui savent apprécier les vertus militaires des Français !

» Les drapeaux furent rendus au 76e régiment, et, en les recevant des mains du vainqueur d'Elchingen, les vieux soldats jurèrent de ne les quitter désormais qu'à la mort. Ce serment fut répété par les jeunes conscrits, qui, étrangers à la perte de ces enseignes françaises, étaient fiers d'avoir contribué à les ravir à l'ennemi. »

Pour tous ceux qui ont compris la grandeur d'âme, qui se sont élevés jusqu'à la hauteur de ce cortége de vertus chevaleresques remplissant le cœur à la fois si noble et si généreux du maréchal Ney, ce jour où il put rendre leurs drapeaux à ses héroïques compagnons d'armes, fut assurément l'un des plus beaux de sa vie.

CHAPITRE IV.

LE DUC D'ELCHINGEN A EYLAU.

Dans cette trop célèbre bataille, que les Russes ne nous auraient certes pas si chaudement disputée dans le cas où le maréchal Bernadotte, en débouchant au moment décisif pour renforcer notre aile gauche, eût réalisé l'attente de Napoléon, Ney, sans aucun ordre, mais inspiré par le canon, dont le bruit sourd dans le lointain tient son oreille attentive, cesse immédiatement de poursuivre le corps prussien du général Lestocq pour rejoindre, avec sa rapidité accoutumée, l'aile gauche de l'empereur.

A peine cet intrépide maréchal eut-il paru sur le champ de bataille, où sa diversion inattendue et providentielle devait faire reculer, à mesure qu'il la débordait, l'aile droite des Russes, que déjà le village de Schmoditten, le rempart de leur position sur ce point, tombait en notre pouvoir.

Aussi Beningsen, en apprenant cette nouvelle si fatale pour lui, renonça-t-il sur-le-champ à son ambitieux dessein de reprendre l'offensive, et se détermina-t-il alors à ordonner la retraite.

Mais comme il attachait, en généralissime expérimenté, un prix particulier à la possession de Schmoditten, il fit marcher ses troupes à la faveur de la nuit et dans le plus grand silence, pour tâcher de surprendre le corps du maréchal Ney.

Accueillis avec une impétuosité irrésistible par le 6e léger et le 39e de ligne, se tenant parfaitement sur leur garde, et à la tête desquels le duc d'Elchingen se montre héroïquement, les Russes sont arrêtés court par un feu des mieux nourris et à bout portant, suivi d'une charge à la baïonnette si vigoureuse, que leurs dernières réserves furent enfoncées et mises en complète déroute.

CHAPITRE V.

LE DUC D'ELCHINGEN A GUTTSTADT.

Le général en chef Beningsen, ayant conçu l'orgueilleux projet de forcer le corps du maréchal Ney, qui n'é... en réalité composé que de 17,000 hommes, a arrêté des dispositions profondément combinées, et qui, exécutées contre tout autre général que ce grand maître dans l'art des retraites, auraient presque infailliblement réussi.

En effet, pour se former une idée juste de l'immense mérite dont fit preuve le duc d'Elchingen, deux fois victorieux contre des ennemis presque triples en nombre, dans le cours de cette solide et brillante défensive, il faut d'abord le suivre dans ses si habiles mouvements, où la stratégie le dispute à la tactique, et alors qu'il avait sur les bras, sans compter la garde impériale russe, accompagnée de toute leur cavalerie, trois fortes colonnes, dont l'une devait l'assaillir de front par Altkirch, pendant que la seconde se porterait sur sa gauche par Wolfsdorf, et que la troisième, en s'appuyant sur Guttstadt, menacerait sa droite.

Le côté le plus dangereux de ce vaste plan d'attaque contre le maréchal Ney, c'est que Beningsen avait ingénieusement organisé les corps de Cosaques de Platow et Hetman, ainsi que les formidables divisions du général Doctorow, de manière à pouvoir en même temps forcer à l'inertie, en les occupant par des démonstrations simulées, les corps de Soult et de Bernadotte, sans perdre surtout de vue qu'en faisant traverser l'Alle au-dessus de Guttstadt à son infanterie légère, celle-ci se glisserait entre les corps de Davoust et de Ney pour les séparer l'un de l'autre, s'opposer à la liaison de leurs manœuvres, réduire, en définitive, le corps de Ney à un affreux isolement.

Aussitôt que ce maréchal s'aperçut qu'il allait être débordé sur toute sa ligne par des troupes infiniment supérieures en nombre, on le vit, son sang-froid grandissant sur le champ de bataille à l'égal de son impétueux courage, faire précéder l'agglomération de ses divisions de mesures de prévoyance et de salut pour ses postes détachés, ses bagages et son artillerie; puis, tandis que, suivant la route de Guttstadt à Deppen par Quetz et Ankendorf, il traversait avec une sage lenteur qui en imposait considérablement à l'ennemi le petit passage compris entre l'Alle et la Passarge, il s'arrêtait fièrement avec la plus admirable et la plus rare impassibilité, tantôt pour prendre le temps de faire ses feux de deux rangs, tantôt pour repousser à la baïonnette l'infanterie qui le serrait de trop près, tantôt pour fusiller à bout portant, au moyen des feux croisés qui vomissaient la mort de ses imposants carrés, l'innombrable cavalerie russe ne cessant de le harceler.

Ce héros, qui n'aurait pas considéré sa gloire comme complète s'il avait abandonné à l'ennemi l'espace entier d'environ 4 ou 5 lieues séparant en cet endroit l'Alle de la Passarge, ordonna à ses troupes de faire à Ankendorf une halte si majestueusement hardie au milieu de tous les périls qui l'environnaient, que les Russes eux-mêmes, frappés d'étonnement, ne savaient en quels termes exprimer leur admiration.

Dans cette mémorable journée, le maréchal Ney, quoique enveloppé par des forces écrasantes, déployant contre elles la plus vigoureuse offensive, trouva le secret, alors qu'il ne perdit guère plus de 1,200 hommes, de faire regretter aux Russes 3,000 de leurs meilleurs soldats.

Mais assistons à la continuation de cette magnifique

retraite, où Ney, le lendemain 6 juin, avec un corps très-fatigué d'à peine quinze mille hommes, va se trouver avoir sur les bras, avec quinze mille hommes de cavalerie, plus de trente mille fantassins.

Secondé par son génie prévoyant qui embrassait spontanément d'un coup d'œil et les complications de l'ensemble d'un plan de défense, et les infinis détails de sa mise en œuvre, il avait d'avance, afin de dégager sa route de tout obstacle, sa marche de tout encombrement, profité de la nuit pour faire partir et mettre en sûreté, au delà de Deppen, ses blessés et ses bagages. Alors le maréchal Ney, comme toujours, prodigieux d'intrépidité, ne voulut point céder de terrain en présence de l'ennemi, et, appuyé sur ses deux divisions qu'il avait groupées en échelons se débordant les uns les autres, il l'attendit de pied forme dans cette noble et belliqueuse attitude.

Nous fûmes à peine attaqués par les Russes, qu'on vit chaque échelon, avant de se retirer, toujours fournir son feu, souvent même charger à la baïonnette, puis se replier pour laisser agir l'échelon suivant, chargé à son tour du soin de contenir les Russes. Si le duc d'Elchingen tint tête à l'ennemi pendant plusieurs heures, en lui disputant avec un acharnement incroyable un espace de moins de deux lieues de terrain, c'est qu'il avait su choisir d'excellentes positions avec un tact militaire au-dessus de tout éloge, et qu'il avait en même temps eu le don de développer chez ses soldats un aplomb extraordinaire, une audace merveilleuse et une ténacité sans bornes.

Si les cavaliers russes se jettent courageusement par milliers sur nos baïonnettes, c'est pour y échouer avec perte contre nos inébranlables carrés, contre nos invincibles fantassins.

Mais nous voilà au moment où Ney va couronner la gloire dont il s'est couvert pendant ces deux journées par un trait de présence d'esprit, de rapidité de décision d'autant plus remarquable, que cette inspiration soudaine lui est venue au milieu des plus graves dangers de cette difficile retraite.

Voyant l'ennemi, à son arrivée au bord d'un petit lac, diviser ses forces en deux colonnes, dont l'une tient la gauche pendant que l'autre se dirige vers la droite, le maréchal en chef, toujours plein de résolution, s'arrête sur-le-champ, reprend brillamment l'offensive, fond sur l'ennemi avec son impétuosité accoutumée, le repousse au loin avec perte, et lui fait expier bien chèrement la faute stratégique qu'il a commise en scindant ses forces.

De cette manière, Ney se ménagea tout le temps possible pour regagner paisiblement le pont de Deppen, derrière lequel se présentait un abri sûr contre toute attaque. Une fois arrivé dans cet endroit, il disposa très-avantageusement ses pièces en batterie en avant de la Passarge, d'où il criblait de boulets les Russes chaque fois qu'ils essayaient de se montrer.

Ce jour-là, comme la veille, les assaillants perdirent plus de *trois* hommes contre *un*.

Ce résultat, sans exemple dans les fastes de la guerre, est le plus bel hommage que l'on puisse rendre à l'immortelle mémoire de celui que les deux armées ne pouvaient se lasser de contempler avec une admiration si bien justifiée, qu'elle a excité jusqu'à l'enthousiasme de l'historien Plotho, auquel nous croyons devoir emprunter une citation à la fois intéressante et véridique :

« Les Français, maîtres passés dans l'art de la guerre, résolurent en ce jour ce problème si difficile d'entreprendre, sous les yeux d'un ennemi beaucoup plus fort et pressant vivement, une retraite devenue indispensable, et de la rendre le moins préjudiciable possible; ils s'en tirèrent avec le plus grand savoir-faire. *Le calme et l'ordre et en même temps la rapidité* qu'apporta le corps de Ney à se rassembler au signal de trois coups de canon ; le *sang-froid* et la *circonspection attentive* qu'il mit à exécuter sa retraite, pendant laquelle il opposa une résistance *renouvelée* à chaque pas, et sut tirer parti en *maître* de chaque position, tout cela prouva le talent du capitaine qui commandait les Français, et l'habitude de la guerre portée chez eux à la perfection, aussi bien que l'auraient pu faire les plus belles dispositions et la plus savante exécution d'une opération offensive. Pour attaquer avec succès, comme pour opposer une résistance régulière dans une retraite, il faut de *rares qualités*, il faut des *vertus difficiles à pratiquer*, et pourtant il est nécessaire que *tout cela soit réuni dans le même personnage pour former le grand capitaine.* »

CHAPITRE VI.

LE DUC D'ELCHINGEN A FRIEDLAND.

L'armée russe s'étant maladroitement engouffrée au fond d'un coude formé par l'Alle, le point stratégique de nos attaques, c'était Friedland, par ce motif surtout que cette ville s'élevait sur notre droite comme point intermédiaire entre le ruisseau du Moulin et l'Alle.

Du moment où c'était là que se trouvaient les quatre ponts, seule retraite possible pour l'armée russe, Napoléon dut tout naturellement y concentrer les efforts de l'élite de ses troupes : tel fut le principal motif pour lequel il confia au corps du maréchal Ney la mission aussi importante que difficile de s'enfoncer dans ce gouffre, d'emporter Friedland à n'importe quel prix, de surmonter la résistance désespérée des Russes, de leur arracher les ponts, et dès lors de leur enlever ainsi toute voie de salut.

Ce dut être un spectacle bien émouvant pour les lieutenants de Napoléon respectueusement groupés autour de lui, quand ils le virent s'approcher du duc d'Elchingen, le saisir par le bras et lui montrer à la fois Friedland et les ponts devant lesquels les Russes se trouvaient agglomérés.

« Voilà le but, dit l'empereur au maréchal; marchez-y sans regarder autour de vous; pénétrez dans cette masse épaisse, quoi qu'il puisse vous en coûter; entrez dans Friedland, prenez les ponts, et ne vous inquiétez pas de ce qui se pourra passer à droite, à gauche ou sur vos derrières; l'armée et moi sommes là pour y veiller. »

Fier avec raison de la redoutable tâche imposée à son héroïsme, le duc d'Elchingen, dont l'attitude martiale provoqua ce cri d'admiration de l'empereur : « *Cet homme est un lion,* » s'élança au galop pour ranger ses troupes en bataille à l'entrée du bois de Sortlack.

Derrière le corps du maréchal Ney, la division de dragons du général Latour-Maubourg, ainsi que les cuirassiers hollandais, se trouvaient disposés en ordre de bataille.

Il était près de six heures du soir, quand, au signal donné par la grande batterie de Posthenen, on vit s'ébranler le corps du maréchal Ney, qui, sortant en échelons du bois de Sortlack, précédé d'une batterie de vingt pièces de canon, ouvrit un feu terrible sur la gauche de l'ennemi. La division Marchand, qui marchait à droite, alors que la division Bisson s'avançait sur la gauche, étaient l'une et l'autre couvertes par une nuée de tirailleurs dont les flexibles manœuvres consistaient à venir reprendre leur rang après avoir à la fois menacé et occupé l'ennemi.

Grâce à l'élan si vigoureux communiqué par Ney aux braves troupes de la division Marchand, le village de Sortlack, que les Russes nous disputèrent avec l'acharnement le plus opiniâtre, finit par tomber entre nos mains. Vainement leur cavalerie, effrayée de l'audace progressive de notre marche, voulut-elle nous arrêter en essayant une charge sur la division Marchand. En effet, celle-ci ayant eu, d'après l'ordre de Ney, la précaution de laisser des intervalles entre ses divers bataillons, les dragons de Latour-Maubourg et les cuirassiers hollandais en profitèrent pour charger invinciblement à leur tour la cavalerie russe et la rejeter en pleine déroute sur son infanterie.

De cette manière, les Russes, acculés contre l'Alle, en furent réduits à se précipiter dans cette rivière excessivement profonde, où, à côté de quelques-uns qui trouvèrent leur salut dans l'habileté de leur nage, plus de deux mille se noyèrent.

Dès que le maréchal Ney eut solidement appuyé sa droite sur l'Alle, fidèle à son système de prudence, plus méritoire chez lui, en raison de son bouillant courage, que chez tout autre guerrier, il ralentit sa marche triomphante, afin de faire avancer à son tour la division Bisson, chargée alors de lier ses mouvements d'ensemble avec la division Marchand, dans le but, par leur stratégique concert, de refouler les Russes dans l'étroit espace compris entre le ruisseau du Moulin et l'Alle.

A ce moment suprême, le feu de l'artillerie russe, qui n'était pas seulement composé des batteries qui nous écrasaient en face, mais encore de celles qu'on avait placées sur la rive droite de l'Alle, redoubla d'intensité et de fureur. Décimés de front, ravagés sur leur flanc, nos intrépides soldats supportaient avec une constance héroïque, avec un sang-froid sublime, cette horrible et trop meurtrière convergence de feux.

Bien que le maréchal Ney, au plus fort du danger,

s'élance au galop pour parcourir toute sa ligne d'un bout à l'autre, et que, par une contenance à faire envie à plus d'un héros de Plutarque, il soutienne, raffermisse et décuple le courage noblement résigné, admirable au plus haut degré de ses soldats, il sent qu'à l'aspect de files entières disparaissant devant certaines bordées, les plus braves vont commencer à perdre du terrain. Déjà deux ou trois bataillons du général Bisson, que ne peuvent retenir au combat les énergiques exhortations de ce vaillant général, se rejettent en pelotonnant autour et en arrière de leurs officiers.

Fort heureusement alors le général Dupont, apercevant cet inévitable mouvement de désordre au milieu de troupes qui luttent contre une épreuve surhumaine, vole, sans attendre d'ordres, au secours de la gauche de Ney, et, déployant sa belle division en face de cette effroyable artillerie, il arrête les progrès des Russes; puis, secondé par les dragons de Latour-Maubourg revenant à la charge avec une nouvelle fureur sur la cavalerie russe, et parvenant à la ramener, il réussit à arrêter l'infanterie ennemie.

Ivres de joie, reprenant toute leur confiance en eux-mêmes, les soldats de Bisson reforment leurs rangs, se massent et se précipitent en avant, électrisés par une nouvelle valeur.

Mais comme l'artillerie de Ney, malheureusement beaucoup trop faible, ne pouvait qu'au prix des plus laborieux efforts se tenir en batterie contre celle des Russes, on vit, sur la demande du maréchal et d'après l'ordre de Napoléon, arriver l'habile et impétueux général Sénarmont, qui, marchant à la tête de toutes les batteries possédées par les divisions de Victor, et y réunissant celles de Ney, porte toutes ces pièces à plusieurs centaines de pas du front de notre infanterie ; position audacieuse, d'où, face à face avec les Russes, il ouvre sur ceux-ci le feu le plus terrible, le plus meurtrier autant par le nombre des pièces que par la profonde habileté du tir.

A ce moment les Russes, de plus en plus refoulés dans ce gouffre, et en proie au plus sombre désespoir, tentent vainement pour s'en dégager un vigoureux effort, bien fatal à leur garde impériale, qui fut littéralement écrasée dans une charge à la baïonnette de la division Dupont. Pendant que cet excellent général, après avoir tourné Friedland, l'aborde par la route de Kœnisberg, le maréchal Ney, qu'aucun obstacle, quel qu'il soit, ne peut arrêter dans sa marche directe sur *Friedland*, y pénètre par la route d'Eylau.

Dans l'effroyable mêlée qui s'engagea aux portes de cette petite ville, on aperçut les Russes, pressés de toutes parts, successivement repoussés dans chaque rue, s'y défendre avec une opiniâtreté digne d'un meilleur sort, jusqu'au moment où, rejetés, pressés sur les ponts de l'Alle, où les obus du général Sénarmont font d'immenses trouées dans leurs rangs, il ne leur reste plus, pour échapper à une mort certaine, qu'à incendier les ponts de concert avec les Français, les uns pour mettre l'Alle entre eux et le maréchal victorieux, les autres pour couper toute retraite aux nombreuses colonnes russes, ainsi devenues nos prisonnières dans Friedland.

Aussitôt que le général Gortschakoff, que les maréchaux Mortier et Lannes avaient tenu en échec, apprend que le duc d'Elchingen s'est déjà emparé de Friedland, il dirige en toute hâte une forte colonne d'infanterie vers les portes de cette ville, où, entrant par surprise au milieu de l'ivresse d'un aussi beau triomphe, elle commence par repousser les soldats de Ney, naturellement déconcertés pendant quelques instants par cette attaque aussi brusque qu'imprévue.

Néanmoins, la colonne russe ne tarda pas à être ramenée et taillée en pièces au milieu de cette trop malheureuse ville de Friedland, dévorée par les flammes, et que l'ennemi, ne pouvant résister à l'impétueuse attaque du duc d'Elchingen, fut obligé de nous définitivement abandonner pour se réfugier dans cette plaine sans issue, où le génie de Napoléon l'avait attiré pour l'immoler à l'aide du bras puissant du maréchal Ney, signalé par l'empereur comme le héros de cette mémorable journée, où les Russes comptèrent quinze mille morts, dix mille blessés, plusieurs milliers de prisonniers, perdirent, avec un grand nombre de drapeaux, toute leur artillerie, et eurent de plus vingt-cinq généraux à regretter.

CHAPITRE VII.

LE DUC D'ELCHINGEN A BAÑOS.

Ce fut le 12 août 1809 que le général Lorcet, placé par la confiance du maréchal Ney à la tête de l'avant-garde du 6ᵉ corps, fit à Aldeanueva-del-Camino, à l'entrée du col de Banos, la rencontre du général Wilson.

Bien que la position occupée par ce général anglais fût des plus fortes, elle n'en fut pas moins emportée au premier choc. Le 3e régiment de hussards ayant exécuté une magnifique charge dans laquelle périrent ou furent faits prisonniers un très-grand nombre d'Anglo-Portugais, ces derniers s'enfuirent et ne purent se rallier que sur les hauteurs de Banos, où, aidés par la nature et les accidents du terrain, ils établirent un véritable camp retranché. Ainsi, le général Wilson, non content d'avoir protégé son armée par d'immenses abattis et de très-profondes coupures, avait, au moyen de l'action de la mine, fait briser de gigantesques rochers dans le but d'obstruer et de fermer avec leurs quartiers les différents sentiers par lesquels on pouvait pénétrer jusqu'à lui.

Les Anglo-Portugais, par ce surcroît de précautions méticuleuses, rendaient ainsi le plus bel hommage à la valeur des Français, heureux et fiers en même temps de marcher à la victoire sur les pas et à l'exemple du maréchal Ney, leur si intrépide chef.

Sans tenir aucun compte des fatigues d'une marche de neuf lieues opérée par la chaleur la plus excessive, les braves du corps de Ney ne balancèrent point à sur-le-champ commencer l'attaque de ces retranchements formidables, derrière lesquels, jusqu'à un certain point, il était bien permis au général Wilson de se croire en sûreté.

Mais il avait compté sans l'irrésistible vaillance des

50e et 59e de ligne, qui, s'avançant avec une résolution au-dessus de tout éloge jusqu'au pied de ces hauteurs réputées jusqu'alors inexpugnables, les escaladè-
dèrent, et recevant avec impassibilité les décharges
meurtrières et répétées de l'artillerie des Anglo-Portugais, ils excitèrent l'admiration du reste de l'armée,
quand, au milieu des plus enivrants cris de victoire, on
les vit se rendre maîtres de tous les ouvrages ennemis.

Inconsolable d'un revers aussi inattendu, aussi im-
probable, le général Wilson s'efforce de rallier ses
troupes seulement alors repoussées et culbutées, pendant que le 3e de hussards, aidé du 15e de chasseurs,
se précipitent ensemble sur elles et achèvent une déroute
devenue si complète, qu'elles s'estiment heureuses de
chercher péniblement un refuge dans les rochers de
Monte-Mayor et de la Calzada.

Jonché des cadavres de douze cents Anglo-Portugais,
le champ de bataille de Banos se trouvait en même
temps couvert par un égal nombre de leurs blessés, qui
demeurèrent nos prisonniers.

Le duc d'Elchingen, après avoir signalé à la haute
et si équitable sollicitude de l'empereur et le colonel
Coste du 59e d'infanterie, et le colonel La Ferrière du
3e de hussards, qui s'étaient particulièrement dis-
tingués autant par leur valeur brillante que par l'habileté de leurs dispositions, proposa et obtint d'attacher
l'étoile de l'honneur sur la noble poitrine d'un soldat
du 59e, nommé Tartre, pour avoir glorieusement en-
levé un drapeau à un groupe d'ennemis dont, en le
défendant, les uns furent tués, et les autres dispersés
par son bouillant et heureux courage.

CHAPITRE VIII.

LE DUC D'ELCHINGEN A REDINHA.

Lors de la retraite de l'armée de Portugal, le maréchal Ney se distingua dans mille occasions, et par l'éclat de sa bravoure et par l'irrésistible élan qu'il eut le don de communiquer à ses soldats. Cependant ce fut surtout à Redinha qu'il couronna la gloire dont il s'était couvert pendant toute cette mémorable campagne.

Il fallait vraiment posséder les merveilleuses ressources de ce grand capitaine, pour avoir pu tirer parti d'une position aussi défectueuse que celle de *Redinha*.

Grâce à la manière ingénieuse et savante avec laquelle il sut disposer les régiments de la 2ᵉ division et les faire soutenir par le 3ᵉ de hussards, il trouva le secret, avec à peine cinq mille hommes, de lutter victorieusement contre trente mille.

Mais arrivons aux détails.

L'ennemi, nous voyant occuper une position presque impossible à défendre, craignit de tomber dans quelque embuscade ; aussi, avec sa circonspection méticuleuse, sonda-t-il le pays, fouilla-t-il les bois sur sa droite et s'assura-t-il de nos dispositions à combattre, avant d'oser ouvrir le feu contre nous. Bercé de l'espoir de surprendre le passage de Redinha, il tomba vigoureusement sur notre arrière-garde ; mais celle-ci ayant soutenu le combat pendant la plus grande partie de la journée sans avoir perdu le moindre terrain, les Anglo-

Portugais déployèrent toutes leurs forces et nous for-
cèrent ainsi à la retraite.

C'est alors qu'on vit chaque bataillon s'élancer au
pas précipité de l'autre côté du ravin, les uns en traversant le pont, les autres en passant sur des gués re-
connus d'avance, et là trouver des guides généraux,
des officiers d'état-major chargés de leur indiquer les
places qu'à la sortie du défilé leurs régiments respec-
tifs devaient occuper. Ensuite chaque corps allait se
reformer à la course sur l'emplacement qui lui avait
été assigné de l'autre côté de la vallée et à l'endroit
même où, en l'attendant, flottait le drapeau.

Cette vallée, assez étroite, était couronnée de l'autre
côté par des hauteurs sur lesquelles se déployait la division Marchand avec toute son artillerie, afin de pro-
téger les troupes engagées au moment même où elles
abandonneraient le rideau opposé.

A ce moment, l'ennemi, en voyant tout à fait dis-
paraître nos troupes qui descendaient le village et se
préparaient à passer le défilé, mit la plus grande dili-
gence à gravir jusqu'au sommet du monticule, d'où il
espérait pouvoir écraser nos masses entassées près du
pont qu'elles encombraient. Mais il avait compté sans
l'ingénieuse prévoyance du maréchal Ney, qui, par une
ruse digne du grand Annibal, avait fait embusquer
deux bataillons du 27e et du 50e de ligne, avec ordre
de bien recevoir le duc de Wellington à mesure qu'il
s'approcherait de l'arête du plateau. En effet, ces deux
braves bataillons accueillirent les Anglais à brûle-pour-
point par un feu de deux rangs des mieux nourris. A

la suite de ces décharges meurtrières, devant lesquelles ceux-ci réculèrent, et qui leur firent perdre beaucoup de monde, on n'aperçut pas sans admiration ces deux bataillons d'embuscade se retirer avec autant d'ordre et de tranquillité que s'ils étaient revenus d'un champ de manœuvres.

Il fallut encore plusieurs brillantes charges du 3ᵉ de hussards-pour enlever à l'ennemi tout espoir de rétablir le combat à son avantage.

Une fois que les troupes de la 2ᵉ division eurent toutes traversé la petite vallée, elles vinrent se reformer avec une étonnante rapidité au-dessous et sous la protection du corps du général Marchand. Ce fut alors qu'une canonnade vive et soutenue arrêta sur-le-champ les phalanges anglo-portugaises et les fit renoncer à l'idée de descendre des hauteurs de Redinha.

De cette manière, la marche de l'ennemi ayant été retardée d'un jour, le maréchal Ney eut en même temps la gloire de conserver toute son artillerie, de sauver tous ses bagages, et de pouvoir paisiblement continuer sa retraite.

Dans cette journée, où les Anglais furent battus quoique étant *six* contre *un*, ils eurent à regretter, de leur propre aveu, un très-grand nombre de soldats et même d'officiers.

Si notre perte fut bien moins considérable, il fallut seulement en remercier les dispositions aussi habilement conçues que rapidement exécutées par l'immortel maréchal Ney.

CHAPITRE IX.

LE DUC D'ELCHINGEN A VALUTINA-GORA.

Après avoir livré aux flammes cette malheureuse ville de Smolensk qui venait de servir de théâtre à une bataille où Ney avait encore grandi en gloire, le général Korff, placé à la tête de l'arrière-garde russe, donna le signal de la retraite. Suivi de près par le prince de la Moskowa, qui commandait avec tant d'éclat le troisième corps, la tête de colonne de celui-ci atteignit le dernier échelon de son arrière-garde à une lieue de la ville, plus politiquement encore que cruellement incendiée.

Divisée en deux colonnes gravissant parallèlement les hauteurs qui couronnent la grande route de Moscou, 'armée de Korff, au moment où Ney va en venir aux lmains avec elle au passage de la Stabna, reçoit de son chef l'ordre, pour la colonne de droite, de faire halte, pendant que la colonne de gauche devra occuper une forte position sur les hauteurs qui dominent la ville de Valutina-Gora.

Mais, pendant que ces manœuvres étaient en cours d'exécution, la colonne de droite, violemment attaquée par les 4e et 72e régiments, ne pouvait tenir devant l'impétuosité de leur choc réuni, et nous restâmes entièrement maîtres de la position de la Stabna. C'est alors que Korff; dont la marche vers sa colonne de gauche était couverte par deux régiments, eut la dou-

leur de les voir presque entièrement détruits avant
d'avoir pu opérer sa jonction avec cette partie de son
corps.

Suivons maintenant Barklay effectuant sa retraite et
faisant opérer à ses troupes un mouvement demi-circu-
laire, où de Krakotchino et Lubietza elles s'avançaient
vers Bredikhino.

Il était à peine arrivé sur les hauteurs de Koniuszewo,
lorsque, apprenant la position des plus critiques de
Korff, il dirigea sur-le-champ vers Valutina le prince
Eugène de Wurtemberg, au commandement duquel
obéissaient une imposante division de fantassins, ainsi
que plusieurs détachements d'artillerie.

Aussitôt que le prince de Wurtemberg eut opéré sa
jonction avec le général Korff en avant de Valutina,
ils s'établirent tous deux sur les hauteurs qui dominent
la Kolodnia.

Ce fut sur le bord de ce ruisseau que le maréchal
duc d'Elchingen fit attaquer vigoureusement l'ennemi
par une de ses divisions, laquelle, après un combat
assez vivement soutenu, réussit à le repousser sur le
plateau de Polodki.

A ce moment, Karpow, placé en éclaireur des mouvements de l'armée française au profit du général
Doctorow, se voit à la fois menacé de front, débordé,
et il est dès lors contraint de se replier.

A ce moment, Barklay, qui s'était sagement rap-
proché du champ de bataille, reçut la nouvelle que la
plus grande partie de l'armée française s'avançait par
la grande route de Smolensk à Moscou. Aussi se hâta-t-il

d'envoyer aux généraux Karpow et Korff de nouveaux renforts qui, débouchant, dès leur arrivée, sur le plateau de Polodki, étaient plus que suffisants pour arrêter le progrès du mouvement de la division française.

Les divisions russes, fortes alors de plus de trente mille hommes d'infanterie et de six mille chevaux, se déployèrent en ordre de bataille.

De son côté, le maréchal Ney, dont le corps venait d'être si utilement, si opportunément renforcé par la belle division du général Gudin, arrêta ses dispositions d'attaque dans l'ordre suivant :

Le rôle des divisions Gudin et Razout, formées en colonnes d'attaque, consista à enfoncer le centre et à tourner la gauche des Russes, pendant que les divisions Ledru et Marchand s'avancèrent à titre de réserve. Seulement, le prévoyant maréchal eut le soin d'opposer à la cavalerie russe les quelques escadrons dont il disposait, en faisant développer ceux-ci sur notre gauche.

Il était six heures du soir quand la division Gudin, s'élançant sur le centre des Russes, déploya dans cette attaque une si grande vigueur, un emportement tellement irrésistible, que tout ce qui se trouva sur son passage fut renversé, culbuté, écrasé, taillé en pièces.

La croyance des Russes, s'imaginant que les 7e léger, 12e, 21e et 127e de ligne, qui composaient cette division, appartenaient à la vieille garde impériale, est un titre de gloire sans égal pour ces braves troupes si profondément affligées d'avoir perdu leur général, homme éminent sous tant de rapports, et dont les derniers moments furent adoucis à l'idée que ses soldats, dont il était le père et qu'il avait tant de fois conduits à la victoire, trouveraient dans le général Gérard un successeur tout à fait digne de lui.

Karpow et Korff, repoussés sur leur gauche, étaient tellement débordés sur leur droite, que, sans un puissant renfort de cavalerie qui leur arriva de ce côté, le maréchal Ney était sur le point, en raison de tout le terrain qu'il avait conquis par ses brillantes manœuvres, de mettre le comble à sa victoire en leur fermant la grande route, seule issue qui leur restât pour effectuer leur retraite.

Bien que la position de Valutina fût nommée le *champ sacré*, et que, par suite d'une tradition religieuse pleine de prestige encore à cette époque pour l'ignorance du soldat russe, elle fût considérée par ceux-ci comme tout à fait inexpugnable, les généraux Karpow et Korff n'en furent pas moins repoussés de ce champ de bataille, où, nonobstant leur grande supériorité numérique, mal à propos et par erreur contestée par le général comte de Ségur, ils abandonnèrent, avec mille prisonniers, huit mille morts ou mourants, parmi lesquels figuraient même plusieurs généraux.

Comment se fait-il que ce même historien, en peignant cette grande bataille sous des couleurs encore plus sombres que poétiques, se soit montré injuste vis-à-vis du maréchal duc d'Elchingen au point de dire « *qu'il y eut presque autant de gloire dans leur défaite que dans notre victoire?* »

Comment ! Ney, qui avait à la fois contre lui la superstition religieuse, du plus grand poids en Russie, le désavantage de la position, l'infériorité du nombre, a remporté une éclatante victoire où il a tué *trois* Russes pendant qu'il ne perdait qu'*un* Français, et M. de Ségur a presque élevé à son niveau, dans cette journée qui seule eût suffi pour l'immortaliser, des généraux de la force des Karpow et des Korff!

En vérité, c'est pour notre raison tout à fait inimaginable.

Mécontent à juste titre de l'inertie de Junot, si brave comme individu, mais privé d'initiative comme chef, qui, placé d'une manière si menaçante en arrière de la gauche des Russes et sur le flanc de leurs renforts arrivant à marches forcées, n'avait qu'à ouvrir le feu avec vigueur pour tailler en pièces leurs cinq divisions et s'emparer de tous leurs bagages, Napoléon Ier, lui, sut rendre complète justice au duc d'Elchingen et aux si vaillantes troupes qui s'étaient surpassées sous ses ordres.

Ainsi à côté du corps de Ney, qui obtint les récompenses les plus libéralement magnifiques, on ne vit pas sans une émotion indicible, alors surtout que l'empereur, entouré des vainqueurs de Valutina comme de sa propre famille, les transportait d'enthousiasme par des paroles affectueusement paternelles, ce grand homme distribuer aux glorieux débris des quatre régiments composant la division Gudin *quatre-vingt-sept décorations*, toutes bien gagnées, et ajouter « que ce fait d'armes étant le plus beau de notre histoire militaire, on pouvait conquérir le monde avec de pareils soldats. »

CHAPITRE X.

LE DUC D'ELCHINGEN A LA MOSKOWA.

Ce jour-là, le maréchal Ney, indépendamment du
3ᵉ corps à la tête duquel il se trouvait placé depuis le
commencement de cette gigantesque campagne, réunis-
sait le 8ᵉ sous son commandement. Rangés l'un et
l'autre en bataille sur les hauteurs qui séparent Alexino
de Chewarino, le 3ᵉ en avant, le huitième en seconde
ligne, on va les voir accomplir de concert des prodiges
de bravoure, de tactique et de stratégie.

Impatient d'attaquer les Russes, Ney, dès cinq heures du matin, envoie un officier de son état-major qui
aborde l'empereur de la part de ce maréchal et sollicite
ardemment en son nom l'ordre d'en venir aux mains
avec l'ennemi.

Déjà Compans, l'un des divisionnaires de Davout,
venait d'être emporté du champ de bataille; déjà Rapp,
qui le remplaçait, avait reçu sa *vingt-deuxième* blessure; déjà le prince d'Eckmulh, qu'on croyait mort,
gisait sur le sol gravement contusionné; déjà on sup-
pliait l'empereur de faire donner la garde, quand Ney,
ébranlant ses trois divisions, réduites à dix mille hommes, se précipite dans la plaine et vole impétueusement
au secours de Davout.

Grâce à son intervention vigoureuse, à son concours
irrésistible, le 57ᵉ régiment de Compans se ranime,
et, dans un élan suprême, on le voit avec admiration

atteindre les retranchements ennemis, les escalader, saisir les Russes corps à corps, les pousser, les culbuter, faire prendre la fuite à ceux qu'ont épargnés leurs baïonnettes, puis enfin s'établir triomphalement dans la redoute.

Pendant ce temps-là, Ney, devant l'héroïque ardeur duquel tout cède et tout plie, s'élance avec une telle furie sur les deux autres redoutes, qu'il en déloge les Russes, impuissants pour les défendre même dans l'énergie et la surexcitation de leur désespoir.

De cette manière, dès midi, le duc d'Elchingen avait déjà brillamment conquis ce titre de prince de la Moskowa que l'empereur lui décerna plus tard, aux applaudissements de toute l'armée, en forçant tout à fait la gauche de l'immense ligne russe et en livrant l'accès de la plaine à notre belle cavalerie, qui, électrisée par l'exemple du roi Murat, contribua puissamment à la défaite des Russes.

Mais, comme en arrière des redoutes dont s'étaient emparés Ney et les soldats de Compans il existait une seconde ligne russe composée des renforts envoyés par Tutchkoff et conduits au feu avec tant d'à-propos par Bagawout, on vit ces deux chefs accourir à marches forcées, s'appuyer dans leurs démonstrations sur Semenowska, et s'efforcer ainsi à tout prix de reprendre leurs redoutes.

Comme, à ce moment fatal, les Français se trouvaient sous la fébrile impression de l'enivrement de la victoire et du joyeux désordre qui en est inséparable, leur première sensation fut de s'étonner, leur premier

mouvement de reculer. Notre situation devint alors momentanément si critique, que le roi Murat ne put
échapper à la poursuite des cuirassiers russes qu'en
se renfermant dans une redoute. Déjà même nos soldats, plus étonnés qu'effrayés, cherchaient une issue
pour abandonner l'une de ces précieuses conquêtes de
Ney et de la division Compans, quand ce prince au
cœur chevaleresque d'une main saisit une arme, de
l'autre agite son panache, et, se faisant ainsi recon-
naître par les siens, fait renaître chez nos soldats, par
l'autorité de son exemple, cette première et éclatante
valeur qui va caractériser une fois de plus leur action jusqu'à la fin de cette immortelle journée.

Mais le duc d'Elchingen, l'*infatigable,* dont la haute
intelligence militaire grandit et n'est jamais plus sereine
qu'au milieu des revers, a déjà reformé ses divisions,
qui ouvrent sur les cuirassiers russes un feu si terrible, qu'ils s'arrêtent subitement, perdent contenance,
lâchent prise et prennent la fuite : brillant et nouveau
succès qui permet à Murat de se dégager et laisse définitivement les hauteurs reconquises par Ney en notre
possession.

Ce magnifique combat d'artillerie, où quatre-vingts
pièces de canon éclatant à la fois achevèrent la déroute
de la grosse cavalerie russe, en même temps qu'elles
écrasèrent son infanterie, était à peine achevé, qu'on
aperçoit encore Ney manœuvrer de la manière la plus
heureuse et la plus brillante en faisant voler plutôt que
marcher sa droite, qu'il étend, en guerrier consommé,
pour tourner une seconde fois la gauche du nouveau

front qu'on lui a opposé, et porter ainsi, avec les glorieux débris de son corps, le coup de grâce aux dernières réserves de Bagration.

A l'idée qu'après cette immense défaite, qui fut principalement l'œuvre de Ney, les Russes se proclamèrent victorieux, se vantèrent même de compter parmi leurs prisonniers le grand héros de cette journée, ainsi que le roi Murat et le prince d'Eckmulh, on ne doit être que médiocrement étonné de leur voir aujourd'hui convertir en victoire honorable la sauvage boucherie de Sinope, et leurs providentiels revers tant en Asie que sur le Danube en éclatants triomphes.

CHAPITRE XI.

LE PRINCE DE LA MOSKOWA A WIAZMA.

Lors de ce combat mémorable, le maréchal Ney, bien qu'aux prises avec des difficultés insurmontables pour tout autre, n'en exécuta pas moins l'idée à la fois ingénieuse et héroïque de détacher au profit du prince Eugène un de ses régiments, qui, après avoir traversé Wiazma, s'élança par la grande route sur les derrières de l'ennemi. Ce dernier, après cinq heures d'un combat où son opiniâtreté ne l'empêcha pas d'être vaincu, voyant son aile droite rejetée avec perte plus loin que l'Ulitza, alors que son aile gauche venait d'être coupée par le régiment d'embuscade du maréchal Ney, en fut réduit à effectuer sa retraite par le chemin de Syczewka.

Ainsi, il est acquis à l'histoire qu'à défaut de la présence d'esprit déployée si à propos par le prince, et surtout rehaussée par l'inébranlable résolution avec laquelle il se maintint sur la gauche de la ville, la position des 1er, 4e et 5e corps devenait aussi embarrassée que périlleuse.

En effet, représentons-nous par la pensée le prince vice-roi à Norwaia, où, sans la voie inespérée de salut que lui ouvrit le maréchal Ney, il ne sortait victorieux du choc sanglant de Wiazma que pour retomber entre deux armées ennemies, avec l'affreuse alternative ou de livrer pour se faire jour une seconde bataille avec les débris épuisés de son armée, ou de se voir fermer de nouveau et pour la dernière fois peut-être la grande route qui conduisait à Smolensk.

Ce fut donc un éternel honneur pour le prince de la Moskowa d'avoir pu sauver d'une destruction devenue presque certaine trois des corps de la grande armée.

CHAPITRE XII.

LE PRINCE DE LA MOSKOWA A KRASNOE.

Kutusow, ayant formé le projet d'isoler du reste de l'armée le corps du maréchal Ney demeuré à Smolensk, où il formait l'extrême arrière-garde, rassembla pour l'écraser entièrement des forces supérieures à celles qui venaient de se mesurer avec les corps du prince d'Eckmulh et du prince vice-roi.

Tel fut le motif pour lequel le général Miloradowitch reçut un nouveau et considérable corps d'infanterie dont il distribua les forces de manière à envelopper, en les serrant de près et en leur fermant toute retraite, les invincibles phalanges du maréchal Ney.

Le 18 novembre, entre deux et trois heures de l'après-midi, la division Ricard, marchant toujours en tête, escortée par cette nuée de Cosaques qui voltigeaient sans cesse autour de ses rangs, sans cependant oser s'approcher jusqu'à la portée de nos fusils, rencontra l'armée russe rangée en bataille sur le bord d'un ravin éloigné de Krasnoë d'environ 1,500 toises, et se développant perpendiculairement à la grande route contre laquelle sa gauche se trouvait solidement appuyée.

Après une halte imposée à sa division composée des 15e léger, 33e et 48e de ligne, moins par la fatigue que par le souci plein d'humanité de mettre à l'abri du feu les malades et les blessés qui encombraient à la fois la route ainsi que les rangs, le brave lieutenant du prince de la Moskowa, appuyé sur le 15e formant sa gauche, sur le 33e placé au centre, et sur le 48e s'étendant à droite et sur la route, lesquelles troupes se divisent en trois colonnes, se précipite impétueusement à leur tête, traverse le ravin et s'élance avec audace sur le front de l'immense ligne ennemie.

Bien que cette attaque ne fût soutenue ni par l'artillerie, ni par les débris du 3e corps, elle n'en fit pas moins, tant elle était irrésistible, plier et reculer jusqu'à trois fois dans son immense longueur toute la première ligne ennemie, et cela sous le feu continuel de cinquante pièces d'artillerie trop avantageusement placées contre nous, et dont les fréquentes et si meurtrières décharges furent héroïquement supportées par nos soldats.

Mais, malgré tous ces prodiges de valeur, les Russes nous opposant constamment des troupes fraîches et sans cesse renouvelées, notre chevaleresque offensive s'arrêta devant l'inutilité de ses efforts surhumains, à l'aspect des généraux Ricard, Barbanègre et Dufour, glorieusement blessés à côté de l'intrépide colonel Pelet, qu'on releva douloureusement avec un bras cassé et les deux jambes fracassées par trois biscaïens.

A ce moment si critique, où furent moissonnés un si grand nombre d'officiers et où deux compagnies de mineurs, marchant au feu sous les ordres du colonel Bouvier, furent entièrement détruites, le prince de la Moskowa, cet homme de fer qu'enflamme le danger, franchit sans hésitation le ravin et lance sur les Russes, qui sont innombrables, une de ses divisions, qui les charge avec une impétuosité et un emportement si terribles, que, nonobstant notre retraite obligée sous peine de périr jusqu'au dernier, nous laissâmes les Russes sous le coup d'une stupéfaction et d'un effroi qui les retint immobiles sur le bord du ravin, et dont le héros de cette immortelle retraite profita avec son habileté accoutumée pour se soustraire à la poursuite des Russes, en exécutant ce magnifique mouvement rétrograde célébré à si juste titre par l'élite des généraux et des écrivains militaires.

Ce fut au village de Danikowa, où Ney s'était arrêté après en avoir toujours imposé par sa belle contenance aux masses formidables qui le harcelaient sans cesse, mais n'osaient l'attaquer, qu'un major russe, dépêché par Miloradowitch, renouvela impudemment et à deux reprises à ce maréchal l'humiliante proposition de se rendre, à laquelle déjà, la première fois, il avait répondu comme on s'attendait qu'y répondrait le brave des braves, cet invincible héros, qui dans le cours de cette retraite miraculeuse dépassa des rivaux tels que le prince d'Eckmulh et le prince Eugène.

En vain, fidèles à leur système favori d'astuce et de mensonge, les Russes cherchèrent-ils à ébranler la grandeur d'âme du prince de la Moskowa, en lui annonçant la destruction complète des corps français par lesquels ils venaient d'être battus, et en lui exagérant encore les forces des armées par lesquelles il était à la fois entouré, coupé, et dont la moins nombreuse était de force à l'écraser; il n'écouta que son bouillant courage, et s'inspirant, comme toujours, de sa fermeté héroïque, il repoussa fièrement et avec dédain une proposition qui dut l'étonner de la part d'ennemis qui, l'ayant tant de fois admiré sur les champs de bataille, auraient dû apprendre à le bien connaître et à le mieux apprécier.

Terminons sur ce point en constatant qu'à ce combat de Krasnoë, nommé par le général anglais Wilson la bataille des héros, et dont *Ker-Porter*, un historien de la Grande-Bretagne, a parlé dans des termes de nature à faire pâlir les hommes les plus accomplis de Plutarque; où, d'après Kutusow, transporté d'enthousiasme et d'admiration, « il n'en était, dans la cruelle extrémité où il se trouvait, que plus enragé à courir avec ses soldats sur les pièces qui les écrasaient, » il se montra encore plus brillant que les deux autres grands capitaines guidant leurs soldats avec tant d'éclat aux deux premiers combats de Krasnoë, et qu'il s'éleva même jusqu'à la hauteur de cette réflexion sublime et inspirée,

empruntée à l'histoire du général comte de Ségur :
« *Il fit honte à la fortune d'avoir pu trahir un aussi
grand courage.* »

CHAPITRE XIII.

LE PRINCE DE LA MOSKOWA AU PASSAGE DE LA BÉRÉZINA.

Pendant que l'habile et respectable général Éblé uti-
lisait, pour le salut des nobles débris de notre armée
arrêtée, faute d'un pont, sur les bords de la Bérézina,
des crampons forgés avec des fers de roues abandonnées,
et précieusement conservés par ses soins au prix des
plus grands sacrifices, l'amiral Tchitchakoff, suivi de
vingt-sept mille Russes de l'armée du Midi, débouchait
de Stachowa avec l'intention de fondre sur Ney, Oudinot et Dombrowski.

Que le lecteur juge à quel point était critique la position de ces trois chefs, quand il saura que ceux-ci ne
comptaient pas sous leurs drapeaux plus de huit mille
hommes, composés de Français, de Polonais et de
Suisses.

D'un autre côté, il ne faut pas perdre de vue qu'à
côté des soldats russes, bien vêtus, parfaitement
nourris, armés et équipés au grand complet, on voyait
figurer, avec une morne tristesse, nos héroïques troupes,
à demi nues, très-mal armées, décimées à la fois par
la faim, la misère et le froid, enfin en proie à des pri-
vations si affreuses, tellement au-dessus des forces
humaines, que, dans l'espace de deux jours, la vieille et

la jeune garde perdirent, l'une le *tiers*, la dernière la *moitié* de ses braves combattants.

Aussi Tchitchakoff, se fiant surtout à sa formidable artillerie, porta sur sa droite une très-nombreuse colonne contre la légion de la Vistule. Écrasée par la grande supériorité du nombre, cette courageuse phalange dut inévitablement plier sous un feu si meurtrier, qu'Oudinot, Dombrowski, Albert, Kosikowski et Clarapède tombèrent à la fois blessés.

Ce fut alors que le prince de la Moskowa, accourant sur le champ de bataille, convertit immédiatement la défense d'Oudinot en une brillante offensive; puis, lançant jusqu'au travers des bois, sur le flanc de cette colonne russe, surprise, enivrée de sa victoire, ayant même conçu l'orgueilleux dessein de forcer nos soldats à se précipiter au milieu des glaces de la Bérézina, la grosse cavalerie du général Doumerc, il réussit à la faire reculer, à la défoncer, à la tailler en pièces, à lui prendre deux mille hommes, à la diviser en morts, en blessés, en fuyards, à désespérer et vaincre Tchitchakoff.

CHAPITRE XIV.

LE PRINCE DE LA MOSKOWA A LUTZEN.

Le but principal du feld-maréchal Blücher était de s'emparer à tout prix de Gross-Gorschen, Rahna et Klein-Gorschen, trois villages d'une très-haute importance stratégique et de la possession desquels dépendait la victoire.

Aussi, le **2 mai**, dès onze heures et demie, vit-on

l'une des plus fortes divisions de Blücher, soutenue par la réserve de cavalerie prussienne et précédée de vingt-huit bouches à feu, s'avancer sur Gross-Gorschen, en ouvrant sur nous une canonnade terrible.

Pressé de front par cette infanterie, alors qu'il était pris en écharpe par seize pièces d'artillerie, et que la cavalerie de Blücher, se dirigeant à gauche du côté de Starsiedel, le menaçait sur son flanc, le général Souham, l'un des lieutenants du maréchal Ney, se trouvant dans l'entière impossibilité de résister, dut évacuer ce village. Il était même sur le point d'être très-probablement entamé par une charge à fond de la cavalerie prussienne, lorsque la division Girard, s'élançant avec impétuosité au premier rang, où elle se trouve suivie de près et soutenue par les divisions Brenier, Ricard et Marchand, accueille les dragons prussiens par un feu de mitraille si meurtrier, qu'ils ne furent pas longs à tourner bride.

Aussitôt que Blücher voit les divisions Souham et Girard maîtresses de Klein-Gorschen et de Rahna, d'où elles viennent de déloger son infanterie, il fait avancer en toute hâte une seconde division, qui, jugée insuffisante par le général en chef Witgenstein, se trouve tout à coup considérablement fortifiée par l'arrivée des deux divisions du général York, lesquelles se séparent, la première pour se porter à droite, l'autre pour attaquer à gauche l'une des clefs de la position des belligérants, le village de Gross-Gorschen.

Sur ces entrefaites, le prince de la Moskowa, à la tête des divisions Brenier et Marchand, s'avance intrépidement au secours de Girard et de Souham. Après un combat où les soldats de Ney, bien qu'entièrement composés de conscrits, disputèrent le terrain à ces deux fortes armées avec un acharnement et une opiniâtreté dignes des plus grands éloges, leur vaillance, avant de céder le village au trop grand nombre de leurs ennemis, força Blücher, qui venait d'essuyer des pertes très-considérables, à faire participer au combat jusqu'à sa dernière réserve, la garde prussienne.

Quand une fois les Prussiens eurent atteint le village de *Kaya*, objet des plus vigoureuses attaques, et dont, après des défaites et des succès variés, ils finirent par s'emparer, le maréchal Ney, pénétré de l'importance de reprendre ce point, couvrant à la fois Lutzen, ainsi que la grande route de Leipsig, fit avancer en ligne la belle division Ricard, qui formait la réserve de son corps. Honneur à elle pour avoir puissamment aidé à reprendre *Kaya*, dont, nonobstant les efforts réitérés des Prussiens et l'emportement de leurs attaques, nous restâmes définitivement les maîtres, après les avoir, grâce aux prodiges de valeur déployés par nos jeunes soldats électrisés par l'exemple du prince de la Moskowa et de Girard, constamment repoussés dans tous les combats qui successivement se livrèrent entre Rahna et Klein-Gorschen.

En tenant tête, dans cette immortelle journée dont le retentissement fut immense en Europe, à plus de cent mille hommes pendant six heures, le maréchal Ney se couvrit une fois de plus d'une gloire impérissable.

CHAPITRE XV.

Placé par la haute et flatteuse confiance de l'empereur à la tête des 3ᵉ, 5ᵉ et 7ᵉ corps réunis, le maréchal Ney se rapprocha de Klix, traversa la Sprée, et, se dirigeant sur Wurschen et Weissenberg, il trouva le moyen de largement tourner la droite de l'ennemi.

Généralissime de tous les coalisés depuis leur éclatante défaite à Lutzen, l'empereur Alexandre ne considérait la journée de Bautzen que comme le prélude de la grande bataille à laquelle il se préparait au milieu de ses retranchements regardés à tort comme inexpugnables aussi bien par lui que par ses alliés.

En effet, grâce à nos progrès pendant la journée du 20, la plupart de leurs redoutes, leurs plus immenses travaux de terrassement étaient en quelque sorte frappés de stérilité, en ce sens que la droite de leur position était devenue leur centre, et qu'ils allaient surtout se trouver, contrairement à leur attente, dans l'impérieuse nécessité de déplacer leur droite pour l'opposer à l'irruption imprévue du corps du maréchal Ney.

Ainsi trompé à la fois sur la force réelle de sa position, ainsi que sur la portée des savantes manœuvres exécutées par le maréchal Ney avec une rapidité merveilleuse, avec la plus irrésistible vigueur, l'empereur Alexandre concentra la plus grande partie de ses forces à son centre et à sa gauche, et dégarnit sa droite au point de n'y laisser que les corps de Barklay et de

Blücher, ceux-là mêmes qui la composaient la veille.

A ce moment où l'ennemi était le plus fortement engagé sur toute sa gauche, le prince de la Moskowa, qu'Alexandre suivait déjà par la pensée sur la route de Berlin à la tête des 3ᵉ et 11ᵉ corps, fond avec ce même 3ᵉ augmenté du 5ᵉ sur Barklay, ce seul soutien de la droite de l'ennemi, culbute ses colonnes, les taille en pièces, les déloge de trois positions, où leur ralliement ne sert qu'à compléter leur défaite, et, traversant la Sprée, écrase tout ce qui se trouve devant lui jusqu'au village de *Preititz*, dont s'étant rendu maître avant dix heures du matin, il avait ainsi mis à découvert toute l'étendue du flanc droit du corps de Blücher.

Le général prussien était trop énergiquement convaincu de l'importance de ce village, à défaut duquel il devait sur-le-champ abandonner sa position, pour ne pas envoyer au secours de Barklay tous les renforts dont il pouvait disposer.

Aussi, attaqué par des troupes fraîches et très-nombreuses, le prince de la Moskowa finit, après trois heures d'un combat à la fois acharné, glorieux et inégal, par être obligé d'abandonner le village. Mais, malgré d'incroyables efforts et l'énorme supériorité de leur nombre, il fut impossible aux Prussiens de faire reculer le prince et de s'avancer au delà de l'extrémité de Preititz.

C'est dans cette position, où les Français et les Prussiens se confondaient pour admirer son héroïsme, qu'il attendit fièrement le résultat infaillible de la diversion puissante opérée par l'apparition soudaine des

soixante pièces d'artillerie des généraux Drouot et Du-
lauloy, pour attaquer avec vigueur cette droite que les
coalisés étaient constamment forcés de dégarnir, pour reprendre une dernière fois et définitivement le village de
Preititz, pour s'avancer ensuite dans la direction de
Wurschen, où, continuant à déborder la droite de l'armée alliée, il acheva ainsi sa déroute.

CHAPITRE XVI.

LE PRINCE DE LA MOSKOWA A DRESDE.

Une fois que Napoléon, dont le centre était couvert
par les retranchements de la ville, eut jugé à propos
d'attaquer à la fois les deux flancs de l'armée ennemie,
il envoya au prince de la Moskowa l'ordre de faire déboucher par la porte de Plauën les divisions de la jeune
garde Decouz et Roguet, afin de les lancer avec son impétuosité habituelle sur la gauche des coalisés.

Dans cette attaque décisive, où le maréchal Ney
lia de la manière la plus ingénieusement stratégique
ses mouvements avec les opérations du duc de Trévise,
on réussit à faire plier l'ennemi, et, après lui avoir en-
levé sa précieuse redoute de Freyberg, on le fit sans
cesse reculer jusqu'à l'entrée de la nuit. Il profita de
l'obscurité, qui mit fin au combat de cette première journée, pour rallier ses colonnes dispersées et nous abandonner un champ de bataille couvert de quatre mille
hommes tués ou blessés, et sur lequel nous recueillîmes
plus de 2,000 prisonniers.

Le lendemain 27, jour où la bataille fut beaucoup

plus meurtrière et où notre triomphe fut aussi complet qu'éclatant, le prince de la Moskowa commandait l'aile gauche, composée de quatre divisions de la jeune garde, et qui, par une pluie battante et le temps le plus affreux, prit position entre le Parc et l'Elbe.

Guidées par cet invincible maréchal, les quatre divisions de la jeune garde combattirent avec la vaillance la plus héroïque. Aussi les vit-on acharnées dans leur action contre Witgenstein, lui faire d'abord perdre du terrain, puis le culbuter et enfin l'acculer sur Blase-witch, où sa confusion et sa déroute jetèrent un irré-parable désordre dans le corps du général Chasteler.

CHAPITRE XVII.

LE PRINCE DE LA MOSKOWA A BRIENNE.

Les trois divisions du maréchal Ney, placées à la tête de la réserve, formaient un effectif d'un peu plus de huit mille hommes, et étaient rangées en bataille en arrière de Beugné, dans l'ordre suivant : celle de Ro-thembourg occupait la droite, pendant que celles des généraux Decouz et Meunier s'étendaient vers le bois d'Ajou.

Le 1er février, les réserves étaient déjà occupées, conformément à l'ordre qu'elles avaient reçu, à se replier sur Lesmont, quand le prince de la Moskowa, dont l'avant-garde y était presque arrivée, dut revenir en toute hâte au secours de l'empereur.

Pendant que le maréchal Ney, n'ayant avec lui qu'une seule des brigades de la division Decouz, s'avance sur

Brienne par le chemin de Mézières, le rôle de la division Duhesme consiste à renouveler son attaque sur un autre point de la ville.

Le prince de la Moskowa, avec sa sagacité ordinaire, profite du moment où il voit plier le général Alsusiew sous le feu meurtrier, sous les efforts combinés de nos bataillons, pour faire avancer la division Decouz, qui ne tarde pas à victorieusement repousser dans la Grand'Rue la formidable colonne du général Sacken. Alors la division Decouz, soutenue dans son offensive par la division Meunier, manœuvre de manière à couper toute retraite au corps d'Alsusiew, et le force dès lors à se répandre confusément dans la ville, où s'engage, sur les neuf heures du soir, un affreux combat corps à corps, une mêlée aussi opiniâtre que sanglante, dans laquelle nos soldats, après avoir pris et perdu tour à tour, au milieu des flammes d'un vaste incendie, chaque maison qui leur est toujours chaleureusement disputée, voient chanceler le prince Alexandre Berthier, frappé à la tête d'un coup de lance à côté des vaillants généraux Decouz et Basté, qui tombent, le dernier, hélas ! pour ne plus se relever.

La perte des alliés fut de plus de 6,000 hommes, tandis que la nôtre ne s'éleva pas à 4,000.

CHAPITRE XVIII.

LE PRINCE DE LA MOSKOWA A MONTMIRAIL.

Le maréchal Ney, marchant à la tête des divisions Meunier, Decouz et Ricard, dont l'ensemble ne formait pas plus de 6,000 hommes, quitta Champaubert le 11 février, vers cinq heures du matin, pour se rendre à Montmirail, où, en raison des retards apportés par la profondeur des boues au transport de l'artillerie, il ne put pas déboucher avant dix heures du matin.

La division Ricard s'étant postée à Pomessone, on vit le prince de la Moskowa ranger en bataille à Marchais les divisions Meunier et Decouz.

Le général de division russe Tallisin, faisant partie du corps de Szerbatow, ouvrit le feu contre nous pour tâcher de s'emparer du village de Pomessone; mais la division Ricard défendit sa position avec une telle intrépidité, qu'il fut impossible à l'ennemi, jusqu'après deux heures, de le faire reculer d'un pouce de terrain.

Aussi ce fut seulement pour enhardir les Russes à continuer leur marche agressive et à renforcer leur attaque déjà commencée sur leur droite, que Ricard, d'après les ordres du prince de la Moskowa, dont il comprit parfaitement la ruse ingénieuse, abandonna aux Russes pas à pas le village de Pomessone.

Non loin de ce dernier village, déjà occupé par les Russes, il y avait celui de Marchais, qui, après avoir été très-solidement défendu par les divisions Decouz et Meunier, fut ensuite pris et repris plusieurs fois, et jusqu'au moment où, en raison du concours de la division Bernados jointe aux renforts sans cesse envoyés par Sacken, il resta définitivement au pouvoir des Russes.

Pendant ce temps-là, le prince de la Moskowa, fondant comme un éclair sur les hauteurs et la ferme de l'Épine-au-Bois, n'a besoin, pour enlever cette clef de la position d'Osten-Sacken, que de son impétuosité électriquement par lui communiquée à quatre bataillons de la vieille garde placés en avant de ce redoutable corps.

Revenons maintenant aux divisions Decouz et Meunier, dont nous avons détaché l'esprit du lecteur depuis le moment où nous les avons laissées écrasées par des forces supérieures et repoussées du village de Marchais, pour constater que l'empereur, complétement victorieux de Sacken, fait voler au secours des deux lieutenants de Ney le duc de Dantzig, ainsi que le général Bertrand.

Alors l'offensive est brillamment reprise sur tous les points, et l'on suit de l'œil avec admiration les mouvements de Ricard, le digne lieutenant de Ney, formant sa division en colonnes serrées, enlevant Marchais d'un élan, reprenant Pomessone, taillant en pièces le corps de Szerbatow, le forçant enfin à se débander et à chercher un refuge pour ses débris, après des pertes très-considérables, dans le bois de Nogent.

CHAPITRE XIX.

LE PRINCE DE LA MOSKOWA A VAUXCHAMPS.

Dans cette glorieuse journée, le maréchal Ney, aux ordres duquel obéissaient les divisions de la jeune garde Meunier et Decouz, dont l'effectif ne dépassait pas 3,000 hommes, occupait la gauche.

Ce fut vers les dix heures que la première brigade de la division Ricard s'approcha sur la droite en traversant le bois de Beaumont, tandis que la seconde attaqua de front la position de Vauxchamps. Cette dernière, dont le nombre était insuffisant, ayant été repoussée par l'ennemi, qui profita de son désordre pour se mettre et s'acharner même à sa poursuite, les téméraires assaillants de cette brigade, après avoir été vigoureusement ramenés par l'escadron d'escorte du duc de Raguse, furent littéralement massacrés par les quatre escadrons de service. Un seul bataillon, qui avait trouvé dans sa fuite l'abri d'une ferme sur la gauche du village, fut fait prisonnier en entier par deux compagnies de chasseurs à pied.

Les soldats de Ney se distinguèrent au premier rang dans une journée où chaque corps s'acquitta si brillamment de son devoir, que les colonnes ennemies, comptant *quatre* hommes contre *un* Français, n'en furent pas moins complétement enfoncées et repoussées sur la route de Châlons dans le plus affreux désordre.

Quant à Blücher, enveloppé à plusieurs reprises avec tout son état-major, il fut heureux de pouvoir bravement se faire jour l'épée à la main pour s'enfuir en toute hâte au milieu de ses escadrons, en même temps mutilés et punis de leur audace.

CHAPITRE XX.

LE PRINCE DE LA MOSKOWA A CRAONNE.

Ce grand capitaine, marchant à la tête des trois divisions Pierre Boyer, Meunier et Curial, c'est-à-dire en totalité de 3,773 hommes, fut chargé d'attaquer avec ce petit corps, fortifié par les dragons du général Roussel, l'ennemi rassemblé du côté d'Ailles. L'empereur avait aussi décidé qu'à mesure que le prince de la Moskowa déboucherait par le vallon bordant sur la gauche les bords de la Lette, il serait du devoir du duc de Bellune d'ébranler pour le soutenir les divisions Boyer de Rebeval et Charpentier.

C'est alors qu'on vit le maréchal Ney imprimer à son corps, sortant de Saint-Martin sur deux colonnes, le mouvement le plus rapide. L'une d'elles, celle de droite, composée de la division Pierre Boyer, longea le bord de la Lette et se dirigea sur Ailles. On vit l'autre, formée des divisions Meunier et Curial, s'avancer en avant d'Ailles avec le projet de se développer sur le plateau.

Ces colonnes, placées momentanément à l'abri du feu par l'escarpement du coteau, ne furent pas plutôt parvenues sur la hauteur, qu'elles furent cruellement décimées, et même arrêtées court par le feu le plus terrible d'artillerie et de mousqueterie.

Aussi, après avoir tâtonné et cherché à s'appuyer contre un petit bois, on les vit sans étonnement, en raison de leur si petit nombre et malgré leur bravoure incontestablement héroïque, se retirer dans le meilleur ordre à quelques pas et très-lentement.

Trois fatalités, l'une la blessure du maréchal Victor, frappé d'une balle et mis hors de combat; l'autre, l'impossibilité pour le comte Nansouty, dont l'artillerie, à raison du mauvais état des routes, n'a pu le suivre, de dresser ses pièces en batterie lors de son attaque de l'extrême droite de la ligne ennemie; la troisième enfin, qui est la grave blessure du comte Grouchy, obligé de quitter le champ de bataille au moment même où il ordonne de charger impétueusement sur leur flanc droit les hussards ennemis, voilà quelles furent les principales causes qui paralysèrent pour cette fois l'élan toujours autrement invincible du prince de la Moskowa.

Ce fut pour ce motif qu'étonné d'avoir échoué une fois dans sa vie, il ramena au feu sur la position d'Ailles, en première ligne la division Pierre Boyer, en seconde les divisions Meunier et Curial, avec la mission pour celles-ci de soutenir avec aplomb la première, pendant que l'intrépide général Friant l'aborderait par la route de Soissons. Grâce à cette attaque si bien combinée, on aperçoit d'un côté Friant qui franchit le ravin au centre et enfonce partout l'ennemi ; de l'autre et simultanément, le général Pierre Boyer, qui emporte Ailles, entraîne de toutes parts le corps de Woronzow et le contraint à la retraite. C'est alors que l'armée française couronne entre Ailles et Paissy ce plateau dont elle doit principalement la conquête à l'impétuosité irrésistible du brave des braves.

Nonobstant l'impossibilité où nous nous trouvions, à cause des difficultés du terrain, de lancer notre cavalerie à la poursuite du corps de Sacken, il fallut, pour mettre le comble à la gloire impérissable du prince de la Moskowa pendant tout le cours de cette journée, qu'il fît naître ingénieusement, à son arrivée sur la hauteur d'Ouarmont, l'occasion unique d'un engagement avec la gauche de l'ennemi, où, tombant sur lui comme la foudre, il coupa l'armée de Sacken en deux parties, dont l'une se jeta précipitamment au travers de la Lette, dont l'autre prit la fuite dans le plus grand désordre vers Chavignon.

FIN.

Poitiers. — Typ. de A. Dupré, rue de la Mairie, 10.